BIOGRAPHIE

DE

MONSEIGNEUR LÉON-FRANÇOIS SIBOUR

ÉVÊQUE DE TRIPOLI DE SYRIE

AUXILIAIRE DE MGR SIBOUR, ARCHEVÊQUE DE PARIS

PAR L'ABBÉ A. DENYS

Chanoine titulaire de Montpellier et d'Autun,

Officier d'Académie, etc.

PARIS

IMPRIMERIE DE L'ŒUVRE DE SAINT-PAUL

SOUSSENS ET Cie, 51, RUE DE LILLE

1878

BIOGRAPHIE DE Mgr LÉON-FRANÇOIS SIBOUR

Le génie des hommes et celui de leur siècle se confondent bien souvent dans une commune inspiration : les lois et les littératures sont filles de leur époque, et les grands hommes qui les représentent reçoivent une impulsion plus ou moins forte du milieu social où ils vivent, soit que l'influence reste cachée aux regards du siècle qui les méconnaît, comme il méconnaît lui-même ses propres tendances, soit que leur génie en explique les mœurs et les caractères.

Toutefois, nous ne pouvons lire l'histoire moderne de la France sans éprouver souvent une profonde tristesse, parce qu'elle ne nous offre que trop fréquemment le lamentable spectacle des passions des individus ou des masses, et, à de trop rares intervalles, les élans d'un patriotisme vrai et désintéressé.

Oui, nous le dirons, sans crainte d'être désavoué par nos contemporains, cette histoire nous montre les individus dominés par l'égoïsme et le peuple *toujours bourreau ou toujours victime.*

Les mauvais gouvernements, l'immoralité publique et privée de la plupart des chefs de l'administration, la mauvaise organisation hiérarchique, politique et judiciaire, sont particulièrement les causes du déplorable état présent du pays. Les communistes, les radicaux, les libres-penseurs surtout ont élevé leur étendard contre toute constitution hiérarchique de la société.

Il fallait leur répondre hardiment, accepter la bataille avec toutes ses conséquences et ne leur faire ni concession ni quartier, ou bien adopter leurs opinions et reconnaître que notre civilisation était en défaut ou que le christianisme était devenu impuissant et usé.

Mais l'Eglise, qui est comme la sagesse de Dieu, dispose tout selon le nombre, le poids et la mesure; elle atteint jusqu'aux extrémités de la terre, elle dirige tout avec force et conduit les êtres à ses fins par la douceur.

Tel est l'esprit dont elle anime toujours ses Pasteurs et ses Pontifes, mais surtout aux désastreuses époques qui ouvrent l'arène aux passions politiques pour y entrer en lutte.

Tel fut spécialement le Pontife dont nous nous proposons d'écrire la biographie; ce Pontife dont la haute intelligence recevait les inspirations de la foi et de la vertu; et semblait transformé comme une même chose avec elles; ce Pontife devenu comme le Timothée de Mgr Dominique-Marie Sibour, archevêque de Paris, son parent, dont il était l'évêque auxiliaire et qui, deux ans après avoir reçu le caractère épiscopal, se vit enchaîné sur un lit de douleur par une paralysie qui priva le diocèse de Paris de tout le bien qu'il pouvait attendre de son zèle animé par la charité, éclairé par la science, fortifié par l'expérience, tempéré par la douceur, vertus dont il avait constamment fait preuve.

A tous ces traits, on reconnaît déjà l'une des plus remarquables figures de notre siècle, Mgr Léon-François Sibour, évêque auxiliaire du diocèse de Paris.

Né à Istres, dans le département des Bouches-du-Rhône, le 8 février 1807, il appartenait par sa naissance à une famille qui ne brillait ni par l'ancienneté, ni par la noblesse, ni par la splendeur d'actions qui jettent un grand éclat, mais dont la vertu et l'amour de la religion faisaient toute la gloire et ne lui conciliaient pas moins l'estime que la considération dans la ville et même dans tout le pays.

Jean-François Sibour, son père, et Anne Michel, sa mère, lui inspirèrent de bonne heure les sentiments et les principes religieux les plus profonds, le goût des pratiques chrétiennes ; aussi, dès sa plus tendre jeunesse, Léon Sibour, leur fils, montra-t-il une inclination très-prononcée pour l'état ecclésiastique.

M. l'abbé Turles, curé de Salon, lui fit faire ses premières classes de latinité. Le jeune élève révélait déjà une aptitude toute singulière pour les sciences ; son amour de l'étude, ses habitudes de réflexion peu communes à son âge, son heureuse mémoire et, par-dessus tout, son excellent cœur faisaient dès lors pressentir à ce vénérable Pasteur que son élève, si jeune qu'il fût, pourrait un jour devenir l'une des lumières de l'Eglise. Aussi, cette appréciation du respectable Curé fit-elle facilement consentir la famille à donner à leur fils l'autorisation, que lui-même d'ailleurs lui demandait, d'aller au petit séminaire d'Aix. Les rapides progrès qu'il y fit et les éclatants succès qu'il obtint sur ses condisciples, le placèrent bientôt au-dessus de tous les jeunes gens de son âge. Après y avoir terminé ses cours de latinité, pendant lesquels il eut constamment les plus brillants succès, il entra au grand séminaire de cette ville pour y suivre ceux de théologie.

M. l'abbé Dalga, alors supérieur de cet établissement, reconnut bientôt les qualités qui distinguaient ce jeune lévite du SEIGNEUR. Il l'animait à mériter le haut rang qu'il ne tarda pas d'atteindre et qui le rendait digne d'être proposé pour modèle à ses condisciples.

Le 5 juin 1830, il reçut le sous-diaconat des mains de Mgr Charles-Alexandre de Richery, archevêque d'Aix, il fût nommé professeur de latinité au petit séminaire, et bientôt après il reçut de son Archevêque, un grand témoignage de confiance : celui d'être attaché à son secrétariat. A peine installé dans ce poste honorable, il eut la douleur de perdre un protecteur dans la personne de cet Archevêque auquel succéda Mgr Jacques Raillon, depuis longtemps déjà destiné à l'épiscopat. Mgr Raillon lui continua la confiance dont l'avait honoré son prédécesseur. Il en reçut le diaconat et puis la prêtrise, le 17 mars 1832.

Le savant archevêque voulut alors lui donner une

nouvelle preuve de sa protection spéciale en le nommant simultanément, malgré sa jeunesse, et secrétaire général de l'archevêché, et maître des cérémonies de l'église métropolitaine; le 2 avril 1832, il fut fait chanoine honoraire, et le 23 mai 1834, pr[illegible] diocèse.

Tant de titres et de telles distinctions devaient tout naturellement lui ouvrir la voie à des positions encore plus élevées.

Les facultés de théologie établies en France, depuis 1257 et longtemps suspendues, venaient d'en voir instituer une à Aix en Provence. Certes, si les diverses autres branches des sciences avaient leurs chaires et leurs facultés respectives, la théologie devait être tout naturellement représentée par les siennes dans cette ville scientifique par excellence; car, on ne saurait en disconvenir, la théologie a pour base l'autorité divine de la vérité infinie, et pour appui les raisonnements de l'intelligence humaine créée pour la démonstration de la vérité. C'est de toutes les sciences la plus importante et la plus nécessaire, puisqu'elle apprend à l'humanité d'où elle vient, ce qu'elle est et où elle va; en lui montrant la voie de son bonheur souverain, elle lui donne aussi les moyens de l'atteindre. Elle est la plus digne de toutes les sciences; fournissant à toutes les grands principes qui doivent leur servir de base, elle les domine, elle les enchaîne dans l'unité; et si elles peuvent en dehors d'elle, faire des progrès dans le nombre et l'analyse des faits, elles ont besoin de sa direction pour se constituer sciences et devenir sociales. Oui, la théologie est liée à toutes les sciences; elle est le plus nécessaire et le plus important de tous les rayons du cercle des connaissances de l'homme.

Aussi, dans tous les temps et chez toutes les nations, des hommes sérieux et même étrangers à la foi et aux questions religieuses, se sont-ils réunis pour en célébrer les bienfaits.

Sans doute, dans l'école qu'ils formaient, il y a beaucoup trop souvent des jugements incomplets, qui auraient besoin d'être redressés par la vérité; car cette école n'a compris, ni ce qu'il y a de divin et de providentiel dans l'enseignement de l'Eglise, ni ce qu'il y a de rationnellement beau dans les siècles chrétiens, si longtemps défigurés par la calomnie.

Sous cet ignoble badigeonnage d'injures et de boue, dont les avait recouverts l'impiété, elle a su apercevoir un chiffre mystérieux.

Or, que l'orgueilleuse philosophie se prenne à glorifier la science théologique, il y a de quoi battre des mains à la gloire de la Providence, il y a de quoi illuminer les plus brillantes espérances de l'avenir, de la science et de la foi. S'il apparaît encore de loin en loin des livres pleins des vieux préjugés, des hommes qui s'appellent libres-penseurs, justice sera faite de ces œuvres à la pensée rétrograde, et l'histoire, un jour, les foulera sous les roues de son char triomphal.

Dans nos facultés de théologie sont tombées aujourd'hui ces dénominations, autrefois hostiles, maintenant vieillies, de gallicans et d'ultramontains! non qu'au fond les opinions ne restent les mêmes ; mais parce qu'un sentiment commun de foi confond, de nos jours, dans un seul respect pour le Siége de Pierre, tous les esprits et toutes les consciences.

M. l'abbé Léon Sibour fut chargé, comme suppléant à la faculté de théologie d'Aix, du cours d'histoire ecclésiastique, par ordonnance du 25 avril 1838. L'année suivante, il en devenait le titulaire.

Ce jeune et savant professeur avait bien compris quelle était la véritable mission de l'histoire, qui est de moraliser l'homme par l'enseignement du passé. Il savait aussi que, pour parvenir à ce but capital, la condition indispensable est la vérité matérielle du récit et la sage appréciation des faits. L'histoire, en effet, avec ses données, devient la conseillère de la sagesse et la maîtresse de l'expérience. Il avait surtout compris que l'histoire de la science est intimement liée à celle de l'enseignement, et que celui-ci ne saurait même paraître sous son vrai jour, ni offrir un sérieux intérêt, si l'on ne se fait une suffisante idée de celle-là.

Sa foi lui enseignait que le CHRIST avait dit à ses Apôtres et à leurs successeurs : *Allez, enseignez toutes les nations,* et que, par son enseignement divin laissé à l'humanité, il avait ouvert à la science aussi bien qu'aux autres branches de l'activité humaine, une ère nouvelle. Il savait encore que le Christianisme est dans l'histoire du monde l'événement le plus important, considéré dans sa source et dans son influence sur le bonheur des peuples ; qu'il a donné le premier exemple d'un gouvernement libre et leur a constitué une nouvelle existence. Enfin, d'après lui, l'histoire prend, depuis le CHRIST, un intérêt qu'elle était loin d'avoir auparavant, soit à cause de l'incertitude des faits, soit parce que le paganisme renversé nous touche infiniment moins que le christianisme répandu sur la moitié du globe.

Tel fut le point de départ de ses idées ; aussi dans son enseignement de l'histoire ecclésiastique se montra-t-il toujours tel qu'il était réellement lui-même. Il mettait sous les yeux de son auditoire la vérité, avec des réflexions toujours intéressantes et toujours instructives. A côté des faits matériels, il faisait ressortir les faits moraux qu'il apercevait et qu'il communiquait à ceux qui l'entouraient, pour leur rendre son enseignement profitable ; et, suivant pas à pas les grandes phases de l'histoire de l'Eglise, il présentait à tous ses auditeurs telle ou telle autre histoire particulière, comme étant toutes liées ensemble depuis l'ère chrétienne, et prouvait ainsi que leurs rapports sont plus intimes qu'autrefois. Aussi avec quel plaisir ne l'entendait-on pas raconter les progrès de la civilisation par le Christianisme, comment après ses victoires sur la barbarie il devint lui-même une institution qui avait son gouvernement à part, sa hiérarchie, ses assemblées, ses lois générales et particulières. Avec quel courage et quelle constance l'Eglise soutint autrefois, de sa force morale et de sa puissance, l'Europe abandonnée par l'incapacité de ses empereurs, et près de s'anéantir sous les irruptions barbares. Comme ce digne et éloquent professeur se plaisait à raconter comment nous avons reçu du Christianisme l'amour de nos semblables, les nobles aspirations de la charité, la liberté, et par quels moyens toutes ces vertus ont porté leurs fruits à travers les siècles et les tempêtes. Il attirait non-seulement les élèves des séminaires, auditeurs obligés de son cours, mais encore les ecclésiastiques, la jeunesse des écoles et les savants de cette ville de science, qui se pressaient toujours nombreux à ses leçons.

M. l'abbé Léon Sibour charmait autant qu'il instruisait son auditoire, qu'on voyait comme enchaîné à ses lèvres par les liens de sa parole facile et élégante. Le 1er septembre de la même année 1838, il prit le grade de docteur en théologie. C'était en cette qualité qu'il concourait à la collation des grades aux candidats après les examens requis. Voici un trait de sa vie qui, dans ces fonctions, tourne à sa louange :

L'un des candidats qui s'était présenté pour l'obtention du baccalauréat en théologie à la faculté d'Aix, venant d'établir sa thèse : « de *la certitude que la vérité religieuse tire des miracles*, » le professeur Sibour, qui réfutait ses objections, eut un moment d'absence, et s'enferra lui-même, en prétendant que sa conviction à lui, était que le miracle n'avait force de preuve qu'autant qu'il était appuyé sur la prophétie. Mais à la suite de quelques observations de ses collègues, il rétracta humblement son erreur et joignit ainsi un exemple d'humilité à l'éclat de son talent.

Le 24 janvier de la même année, il fut admis comme

membre de l'Académie des sciences et belles lettres d'Aix, dont il devint président quelques années après, et il publia dès lors, des articles très-remarquables dans les annales de cet Institut. Ces articles le firent connaître et le placèrent au premier rang des écrivains du pays. Dans cet intervalle, il se produisit un fait qui, pour lui, s'éleva à l'importance d'un événement, en contribuant à grandir son existence, et à préparer ses destinées en ce monde.

M. l'abbé Dominique-Auguste Sibour, alors chanoine de Nîmes, étant allé prêcher le Carême à Aix, avait eu l'occasion d'y rencontrer M. l'abbé Léon-François Sibour, son homonyme. En examinant la similitude de nom, et en considérant leur parenté réciproque, il ne tarda pas à reconnaître qu'ils appartenaient l'un et l'autre à la même famille. Il eut lieu d'apprécier ses qualités et sa haute intelligence, et s'en déclara le protecteur et l'ami.

L'occasion se présenta bientôt à M. le chanoine de Nîmes de songer à son estimable parent. Nommé évêque de Digne, par ordonnance royale, en date du 30 septembre 1839, aussitôt qu'il eut pris possession de son siége épiscopal et y fut installé, il s'empressa de donner des lettres de grand vicaire à M. Léon Sibour, le 24 juillet 1841, et l'associa ainsi à son administration nouvelle, pour le gouvernement du diocèse qui venait de lui être confié. Le savant professeur, d'un zèle infatigable et d'une intelligence supérieure, consacrait à son parent, de concert avec lui, tout le temps dont il pouvait disposer à cette administration nouvelle de son diocèse, ce qui, au commencement d'un gouvernement quelconque, ne rencontre pas moins de difficultés qu'il ne demande de travail.

Tout en conservant ses fonctions d'historien et autres, il ne négligeait rien pour seconder le nouvel évêque de Digne.

Au commencement de 1842, le pieux évêque d'Alger (1) successeur immédiat du grand saint Augustin, voulant honorer les insignes précieuses de cet évêque immortel, convoqua tous les évêques de France et d'Italie, à la célébration d'une fête qu'il donnait en son honneur. Mgr l'évêque de Digne fut particulièrement invité, le 25 octobre 1842, et M. l'abbé Léon Sibour quitta la France pour accompagner ce prélat avec M. l'abbé Mérien, devenu depuis son successeur. Ils s'étaient embarqués tous les trois pour se rendre à l'appel de Mgr Dupuch, qui avait convié plusieurs membres de l'épiscopat français aux fêtes de la translation d'une insigne relique de saint Augustin dans son église d'Hippone; c'était un des bras du grand docteur. En cette circonstance comme toujours, M. le grand vicaire Sibour contribua puissamment à rendre ce voyage agréable à son pieux parent, l'évêque de Digne, et à faire reproduire à leur retour, dans plusieurs journaux, le récit des magnificences de cette fête si éminemment chrétienne.

(1) Mgr Adolphe Dupuch.

Le 27 avril 1845, il fut nommé chevalier de la Légion d'honneur.

Peu de temps après cette époque, de grands événements se passèrent en France ; une révolution politique bouleversa le gouvernement établi en 1830. Comme Charles X l'avait été en 1830, le roi Louis-Philippe, en 1848, fut chassé de son trône. La République avait été proclamée pendant ce temps-là. Durant plusieurs mois, l'anarchie s'étendit non-seulement dans Paris, mais dans une grande partie de la France. Ce qu'on appela l'insurrection de juin, éclata dans la capitale, le sang coula à flots. Des barricades avaient été établies dans les différents quartiers de la ville. Le faubourg Saint-Antoine surtout était en insurrection. Comme le siége de cette insurrection s'y était établi, Mgr Affre, archevêque de Paris, croyant arrêter ou du moins calmer la tempête, avait voulu se transporter personnellement sur les barricades, et, là, il fut frappé bientôt, à l'angle de la rue de la Roquette et de la place de la Bastille, d'une balle parricide qui lui donna la mort au bout de quelques jours.

Le siége archiépiscopal de Paris demeura pendant quelque temps vacant. Le choix d'un archevêque, surtout dans les circonstances difficiles où l'on se trouvait, demandait de la part du gouvernement de sérieuses réflexions. Il ne devait y appeler qu'un ecclésiastique éprouvé, et qui fut à même d'inspirer de la confiance au peuple de Paris.

Mais la Providence qui veille sur l'Eglise ne tarda pas à y pourvoir, ainsi que nous allons le dire. Au milieu de ces préoccupations et des dangers qui l'entouraient, le gouvernement provisoire, bien que révolutionnairement établi, décréta la réunion d'une Assemblée constituante dans le plus bref délai. Des élections furent prescrites en France et dans les colonies, et, en avril 1848, l'éminent professeur à la faculté de théologie d'Aix et vicaire général honoraire de Digne, fut présenté comme candidat à l'Assemblée nationale par Mgr Guibert, alors évêque de Viviers, auquel la Providence réservait de si hautes destinées (1). Élu à une grande majorité, représentant du peuple pour le département de l'Ardèche, il accepta ce mandat sur les instances de l'évêque, son parent, qui avait été lui-même mis sur les rangs, dans son propre diocèse, mais que certains motifs de convenance avaient déterminé à retirer sa candidature.

Le nouveau représentant du peuple, M. l'abbé Léon Sibour, parut à la Constituante avec toutes les qualités qui le distinguaient : finesse d'esprit, vives reparties, juste appréciation des hommes et des choses, zèle ardent pour la défense de la religion, tout en lui répondait à la haute et délicate mission qui lui était confiée.

Il s'était lié d'intimité avec Mgr Fayet, son collègue et évêque d'Orléans, ainsi qu'avec Mgr Parisis, aussi son collègue et évêque de Langres. On ne remarquait pas la même intimité entre lui et Mgr Graverand, son

(1) Mgr Guibert devint, en effet, archevêque de Tours, puis de Paris, et enfin cardinal.

autre collègue et évêque de Quimper. Il prêta son concours dévoué au Gouvernement provisoire qui, pris dans son ensemble, et bien qu'il fût composé d'éléments hétérogènes, a sauvé la France de l'anarchie et de la guerre civile, en acceptant courageusement toute la responsabilité des conséquences de la révolution de février. La Commission exécutive ne fut qu'un pâle reflet du Gouvernement provisoire, dont l'insurrection de juin détermina la dissolution en confiant la dictature au général Cavaignac.

M. Léon Sibour s'associa de tout cœur à la politique de ce chef militaire qui n'était qu'une politique d'attente devant se borner à maintenir l'ordre par la puissance des baïonnettes, puisque telle était devenue la nécessité de la force brutale qu'elle seule était comprise des insensés, des hommes égarés ou profondément vicieux dont les doctrines anti hiérarchiques avaient excité la folie, le délire et les mauvaises passions.

M. Léon Sibour appartenait à ce parti des républicains du lendemain qui, en bon citoyens, avaient accepté la forme républicaine du Gouvernement, comme un fait accompli, sans pour cela changer en aucune manière leurs principes de hiérarchie sociale, ou de politique générale. Néanmoins, il ne cessa pas d'entretenir de bonnes relations avec le général Cavaignac, qui s'appuyait principalement sur le parti des républicains de la veille, et qui appartenait à la coterie du National, à laquelle ce chef du Pouvoir exécutif était lié par des relations de famille ou d'amitié.

Malgré ses opinions franchement républicaines, le général Cavaignac n'en était pas moins un homme d'ordre et d'énergie. Lorsqu'il vit la tranquillité sérieusement menacée, il n'hésita pas et opposa une résistance vigoureuse à l'anarchie qu'il poursuivit jusque dans ses derniers retranchements.

M. Léon Sibour approuva sa conduite qu'il considéra comme celle d'un homme de bien. Pendant les terribles journées de juin, il était sur la brèche, applaudissant aux efforts du chef de l'État, mais le spectacle de cette affreuse guerre civile, en portant une première atteinte à sa santé jusqu'alors si florissante et si solide, laissa dans son âme un souvenir pénible et sans cesse renaissant.

Tant que dura le combat, non-seulement il demeura ferme à son poste, communiquant son calme et sa force d'âme à ses collègues, plus ou moins effrayés, mais il alla encore sur le champ de bataille porter les secours de son saint ministère aux blessés et aux mourants; c'est ainsi que M. de Charbonnel, son collègue à l'Assemblée, auquel il prodigua les secours et les consolations de la religion dans ce cruel moment d'agitation, mourut entre ses bras.

Malgré la grande position qu'il avait prise à l'Assemblée nationale, il ne devait pas y exercer longtemps son influence. La divine Providence ne voulut pas le laisser davantage sur une arène qui n'était pas celle où il devait combattre.

Nous avons vu comment Mgr Affre, de sainte et glorieuse mémoire, qui, la branche d'olivier à la main,

était accouru porter des paroles de paix et de conciliation aux combattants, venait de tomber victime de son courage et de sa charité.

Ce digne pasteur, animé de l'esprit du divin Maître, n'avait pas reculé devant les dangers auxquels il paraissait évident qu'il s'exposait, au milieu d'une des plus terribles insurrections dont il soit fait mention dans l'histoire des révolutions sociales.

Il était urgent de donner un successeur à ce saint archevêque.

Comme il connaissait à fond, l'esprit, les sentiments et les dispositions de l'évêque de Digne, son parent, le représentant de l'Ardèche, par une sorte d'inspiration divine, crut qu'il était de son devoir, assure-t-on, de faire valoir auprès du général Cavaignac, chef du Pouvoir exécutif, la courageuse initiative de ce modeste évêque, qui, le premier, avait publié dans son diocèse un Mandement en faveur de la forme du nouveau gouvernement, et Mgr Dominique Auguste Sibour fut appelé au siége ensanglanté de Saint-Denis, pour remplacer le martyr de la charité, l'immortel Mgr Affre, si grand et si beau dans sa mort.

Mgr Dominique-Auguste Sibour fut nommé archevêque de Paris, par décret en date du 11 juillet 1848.

Peu de temps après, M. l'abbé Léon Sibour fut lui-même nommé chanoine honoraire et vicaire général de Paris, à la place de M. l'abbé Jacquemet, nommé à l'évêché de Nantes. Il répondit pleinement à l'attente de son archevêque, en le déchargeant d'une partie de l'administration diocésaine, et, en cette qualité, il devint archidiacre de Notre-Dame.

Le 25 octobre 1850, l'état de sa santé altérée ne lui permettant plus la vie sédentaire de l'administration, il fut promu à la cure de Saint-Thomas d'Aquin, en remplacement du vénérable abbé Suquet de la Tour, que la mort venait de ravir à l'affection de ses paroissiens.

Devenu curé, l'abbé Léon Sibour peut être considéré comme un pasteur exemplaire, tant sous le rapport des instructions nourries de piété et de science, que sous le rapport de l'administration paroissiale. Il y avait apporté son intelligence, sa prudence, sa sagesse, jointes à une conduite personnelle, qui, pour tous les prêtres, devient un véritable modèle. Il ne cessa de se montrer à ses vicaires comme un exemple sans cesse entraînant ; il eût bientôt conquis l'estime, la confiance et l'affection de tous ses paroissiens, qui se pressaient nombreux, comme autrefois à Aix, autour de cette chaire d'où tombaient des paroles si pleines de doctrines et de piété.

Mais, ainsi que nous l'avons dit, tout en s'occupant activement de sa paroisse, l'une des plus importantes de Paris, il n'en continua pas moins d'être l'âme et la lumière du conseil de l'archevêché. Le choix qui, sous son inspiration, était fait, des différentes positions ecclésiastiques, était toujours sanctionné par l'opinion publique.

Il contribua à la création du chapitre Sainte-Geneviève, cette école des prédicateurs, qui a fourni de si brillants sujets, dont plusieurs même sont devenus d'éloquents et grands évêques.

Comme il s'était beaucoup occupé, non-seulement de la science ecclésiastique, mais aussi de la science profane et de toute espèce de science et de littérature, c'est sous son inspiration que la savante école des hautes études ecclésiastiques fût fondée dans la maison des Carmes ; cette école a singulièrement élevé le niveau de la science du clergé et produit les plus avantageux effets.

Si Dieu ne l'avait frappé dans la fleur et la force de la vie, on pouvait attendre de son concours à l'administration de son parent, l'archevêque de Paris, les plus heureux résultats.

Toutes ces grandes choses et leurs conséquences avantageuses ne détournaient pas son attention de l'intérêt que l'administration devait porter à la création devenue nécessaire de plusieurs paroisses.

La grande ville de Paris, qui renferme une population si considérable, ne possédait pas suffisamment de centres religieux ; de concert et sous l'inspiration du pieux archevêque, M. Léon Sibour conçut la pensée de former dans différents quartiers éloignés des églises paroissiales, de nouvelles églises ; pensée qui s'est réalisée dans certains quartiers où se sont formées, de son temps même, plusieurs paroisses devenues depuis très-importantes ; par exemple, les paroisses de la Trinité, de Saint-Augustin et de Saint-Eugène, dans les grands et riches quartiers ; celles de Saint-Martin, de Saint-Éloi, de Saint-Marcel, dans les quartiers spécialement habités par les populations moins favorisées de la fortune.

Pendant son voyage à Rome, où il avait accompagné Mgr l'Archevêque, pour assister à la promulgation du dogme de l'Immaculée-Conception, M. Léon Sibour, alors curé de Saint-Thomas d'Aquin, fut sacré évêque, le 7 janvier 1855, sous le titre d'évêque de Tripoli de Syrie et nommé évêque auxiliaire de son parent, l'archevêque de Paris, d'après un décret impérial qui l'autorisait à accepter ce titre. En 1855, le 16 février, il fut nommé membre de l'Académie catholique de Rome.

Deux ans plus tard, accablé sous le poids de la douleur causée par la mort si tragique de Mgr l'archevêque de Paris, et par une paralysie qui le privait de l'usage d'une partie de ses membres, il cessa ses fonctions et fut nommé chanoine du premier ordre de Saint-Denis. Libre alors de fixer sa résidence où il voulait, il regagna la Provence qui était son pays, dans l'espoir que l'air natal pourrait contribuer au rétablissement de sa santé. Mais le mal était profond et incurable. Il dut en peu de temps songer à revenir à Paris, où d'ailleurs ses amis le rappelaient. Une année s'était à peine écoulée que M. le curé de Saint-Éloi, pour lequel il s'était montré si plein de bienveillance pendant son administration, lui offrit de le recevoir dans son presbytère.

Mgr Léon Sibour revint donc à Paris dans l'été de 1862. Il s'établit au presbytère de Saint-Eloi où il reçut la visite des personnages les plus éminents, sous le rapport de la science, de la position sociale, civile ou administrative. Les ecclésiastiques surtout s'empressaient de lui rendre leurs hommages et de lui exprimer les sentiments de respect et de reconnaissance dont ils étaient pénétrés; et les savants eux-mêmes étaient heureux de jouir des avantages de sa conversation. Son Excellence, Mgr Chigi, nonce du Saint-Siége, ainsi que les membres de la légation, ne cessaient de lui témoigner leur intérêt personnel et celui du Saint-Père. Mgr Guibert, archevêque de Tours, qui le connaissait depuis si longtemps, vint lui-même le visiter dans son humble solitude. M. l'abbé Dedoue, ancien secrétaire général de l'archevêché, sous Mgr Sibour, et aujourd'hui doyen du chapitre métropolitain, venait fréquemment le voir avec MM. Bonnety et Poujoulat, le savant collaborateur de Michaud.

Tous ceux qui l'approchaient étaient saisis d'admiration devant sa lucidité d'intelligence, et respiraient, dans son intimité, un parfum de la vertu des saints. Ses infirmités ne lui permettant plus de se rendre à l'église, M. le curé célébrait ou faisait célébrer la sainte Messe dans un de ses appartements transformé en chapelle. Rien de beau et d'édifiant comme sa tendre piété pendant qu'il assistait au Sacrifice de l'Eucharistie. Les témoins de ces spectacles touchants ne les oublieront jamais. Nous qui les avons contemplés de nos yeux, nous ne nous les rappelons pas sans émotion, en écrivant ces pages à la mémoire de celui qui fut notre hôte, et qui ne nous quitta que pour aller mourir à Antibes, dans les sentiments d'une angélique piété, et d'un attachement inviolable au Pape Pie IX, qui lui avait adressé un bref touchant, le 14 mai 1862, pour le remercier de l'adhésion et des félicitations qu'il en avait reçues, à l'occasion des Actes Pontificaux envoyés, à différentes époques, au monde catholique.

Pour donner une idée de tout ce que Mgr Léon Sibour pratiqua de vertus, de patience et de résignation pendant ses longs jours de souffrances, de douleurs et d'infirmités, à la fin de son existence, nous emprunterons les paroles de Mgr de Chalandon, archevêque d'Aix. Les paroles de ce digne archevêque seront pour tous ceux qui souffrent un magnifique sujet d'édification.

Son existence ne fut plus, depuis ce moment, qu'une longue agonie, sanctifiée par la plus angélique patience et les plus sublimes vertus.

Nous emprunterons donc ici le témoignage que lui rend Mgr Chalandon, archevêque d'Aix, dans le discours qu'il prononça à ses funérailles :

« Quelle foi dans sa résignation! s'écrie l'éloquent « prélat, quel calme dans ses souffrances! quelle piété « dans les saints mystères célébrés chaque jour en sa « présence! quelle activité de l'âme dans son corps « paralysé! sa bouche ne peut s'exprimer : il trouve « dans l'admirable dévouement de sa sœur un écho de « ses pensées. Sa main ne peut plus écrire, il invente « le moyen de la faire remplacer par la main de la « religieuse qui veille à ses côtés, comme un ange que

« Dieu a envoyé pour soulager son agonie de tant « d'années. Les œuvres de la charité paraissent « désormais lui être impossibles : et cependant il les « multiplie en secourant les pauvres de ses aumônes. « Qu'il me suffise de rappeler ce qu'il a fait en faveur « de la basilique de Saint-Martin de Tours, et en faveur « de l'église de Tripoli, à laquelle il appartenait par son « cœur bien plus que par son titre. Évêque, il a rempli « jusqu'à la fin les fonctions d'évêque. En le voyant, « dans cet état d'infirmité, donner encore à de jeunes « et bien-aimés enfants le Sacrement de Confirmation, « on se représente ces évêques, confesseurs de la foi, « qui, avec leurs membres mutilés, administraient les « derniers Sacrements aux fidèles des premiers siècles, « et en lisant ses réclamations écrites sur son lit de « souffrances en faveur du Souverain-Pontife, on « retrouvait quelque chose de la foi des martyrs, « négligeant leur douleur au milieu des supplices pour « confesser hautement leurs saintes croyances. »

Mgr de Tripoli a passé sept années entières dans ce triste et douloureux état, sans jamais laisser échapper la moindre plainte, remerciant Dieu, au contraire, de ce qu'en le faisant passer par le creuset des épreuves et de l'infirmité, il assurait bien mieux son salut que s'il l'eut maintenu au sein des grandeurs et des joies de ce monde. Il a conservé jusqu'à son dernier jour toute sa sérénité, toute sa liberté d'esprit ; il manifestait même parfois un abandon, une gaieté qui navraient le cœur, en même temps qu'ils excitaient l'admiration et le respect.

Tout brisé qu'il était par le mal, et réduit à une impuissance absolue d'agir, il n'a cessé de prendre part à tout ce qui intéressait l'Église.

Après la magnifique allocution que Pie IX prononça dans l'église de la Minerve, en 1862, et où il voulut, ce semble, initier le monde catholique d'une manière plus intime qu'il ne l'avait fait jusqu'alors, aux douleurs présentes de l'Église, Mgr Sibour, profondément ému des paroles du Saint-Père, lui écrivit pour lui exprimer tous ses sentiments de sympathie, de fidélité et de dévouement.

Pie IX daigna lui répondre, le 14 mai de la même année, par un bref très-touchant, empreint d'une grande charité et où la mansuétude et la piété de l'âme du Souverain-Pontife resplendissent dans toute leur vivacité. On y sent l'émotion du Saint-Père, en répondant à un prélat, qui oublie ses propres infirmités pour compatir à celles de l'Église et de la Papauté (1).

Nous ne citons que cette lettre de l'évêque de Tripoli, mais il a dicté de son lit de douleur et souvent au milieu des plus vives souffrances, un grand nombre d'autres lettres qui toutes attestent sa foi, son zèle, sa profonde piété, et respirent la fraîcheur et la grâce de ses plus belles années.

Mgr Sibour est mort en tendant la main pour procurer quelques secours à la pauvre petite Eglise,

(1) Ce bref a été publié par l'*Ami de la Religion* dans son numéro du 31 mai 1862.

dont Pie IX lui avait donné le titre, au jour de sa promotion à l'épiscopat, et avec le seul regret de ne pouvoir mener à terme une œuvre qu'il avait tant à cœur.

C'est à Antibes, comme nous l'avons dit précédemment, que, le 18 novembre 1864, à l'âge de cinquante-huit ans, Mgr de Tripoli s'est éteint, ou plutôt doucement endormi dans le SEIGNEUR, après avoir reçu avec une tendre piété et une parfaite connaissance les derniers Sacrements de l'Eglise.

Toute la garnison et la population ont assisté à ses obsèques, qu'ont présidées NN. SS. Jordany, évêque de Fréjus et de Toulon, Devoucoux, évêque d'Évreux, et Jeancard, évêque de Céranie et chanoine de premier ordre du chapitre impérial de Saint-Denis.

On lui en a fait aussi de bien solennelles dans l'antique métropole d'Aix, où il a été inhumé auprès des archevêques qu'il avait servis. Cette église, qui avait vu ses premiers pas dans la carrière ecclésiastique et où il avait reçu tous les ordres mineurs et majeurs, avait des droits incontestables à la possession de ses restes mortels.

Mgr Chalandon, archevêque d'Aix, a profité de cette pieuse cérémonie pour payer un juste et éloquent tribut d'hommages à la mémoire de Mgr Sibour, au milieu des débris de sa famille si cruellement éprouvée, de ses amis et de ses compagnons d'enfance, inconsolables de sa perte.

Nous ne pouvons mieux terminer cette courte notice qu'en y ajoutant la remarquable circulaire qu'adressait à son clergé à l'occasion de la mort de Mgr l'évêque de Tripoli, Mgr l'archevêque de Paris (1) :

« La mort vient de nous enlever, pour le rendre à « Dieu, Mgr Léon Sibour, évêque de Tripoli, précé- « demment vicaire général et évêque auxiliaire de « Paris. Depuis huit ans déjà, sa santé n'était plus « qu'une ruine : frappé d'un coup irrémédiable et traî- « nant une existence souffrante et sans cesse menacée « de finir, il nous tenait en quelque sorte préparés à « la séparation qui déchire aujourd'hui notre cœur. « Mais quoique prévue et redoutée, une telle perte « n'en est pas moins sensible pour tous ceux qui ont « connu l'ancien vicaire général de Paris, et curé de « Saint-Thomas d'Aquin. A ce titre elle m'affecte « douloureusement, parce que j'ai pris part avec lui, « durant plusieurs années, à l'administration de ce « diocèse, et qu'ainsi j'ai pu mieux que d'autres « apprécier les éminentes qualités de son esprit et de « son cœur.

« C'est donc un devoir pénible et triste que je rem- « plis, en vous annonçant la mort du regrettable et « cher évêque de Tripoli. Il a succombé loin de nous « et sans que ses amis de Paris aient pu l'assister au « moment suprême et l'assurer qu'il continuerait « d'avoir sa place dans leur souvenir et leurs prières. « Mais s'ils n'ont pas la funèbre consolation de faire « cortége à sa dépouille mortelle, ils accompagnent

(1) Mgr Darboy.

« du moins son âme de leurs religieux suffrages et « l'assistent devant celui qui juge les justices mêmes. « Ils veulent montrer ainsi quels sentiments d'estime « et d'affection leur avait inspiré l'homme éminent « qui fut quelque temps leur chef hiérarchique, c'est- « à-dire, leur père et leur aîné.

« Mgr l'évêque de Tripoli réunissait en effet toutes « les belles et nobles qualités qui peuvent commander « de tels sentiments. Son esprit ouvert et délié le « rendait très-propre au maniement des affaires; sa « sagacité et sa prudence donnaient une grande « valeur à ses conseils. Son aménité lui conciliait « promptement toutes les sympathies, et il avait dans « le caractère une douceur et une bienveillance qui « prévenaient les conflits ou les empêchaient de durer. « Personne n'a rapporté de ses relations avec lui la « plus légère amertume, personne n'a jamais ren- « contré dans cette âme distinguée que mansuétude, « amour de la justice et bonté. Sa science et son « expérience, il les a mises au service de sa paroisse « et du diocèse avec un cœur plein d'affection, et son « utile influence s'est fait sentir plus d'une fois dans « les actes du pieux et bien-aimé archevêque, dont il « fut le conseiller et l'auxiliaire.

« J'ai à peine besoin de rappeler le généreux esprit « de foi et de piété qui animait Mgr de Tripoli. C'est « là qu'il a trouvé le secret de soutenir avec une rési- « gnation si exemplaire et si touchante l'épreuve de « sa longue et cruelle maladie. En brisant son corps « par un coup qui lui ôta la liberté de ses mouve-

« ments, Dieu lui avait laissé toute l'activité de son « esprit et par conséquent la conscience de sa situa- « tion. Aussi le malade se rendait compte des événe- « ments qui intéressaient l'Église ; et de ses craintes « et de ses espérances autant que de ses douleurs « physiques, il se composait les trésors de mérites qui « sont aujourd'hui sa récompense et sa félicité. Car il « a tiré parti de ces maux passagers dont parle saint « Paul, et qu'il nous montre comme l'occasion et « l'élément de la gloire éternelle. A tous égards, « mourir lui paraissait un gain ; néanmoins, ce n'est « que dans la mesure où le permet une soumission « filiale à la volonté de la Providence qu'il appelait « de ses désirs le jour où son âme, affranchie des « liens de la mortalité, pourrait se réunir à Jésus- « Christ et entrer dans le repos de Dieu son Créateur.

« Espérons que cette mort, en nous ravissant un « ami sur la terre, ne fait que nous assurer un « protecteur de plus dans le ciel, et que sa vie pure « et ses vertus l'ont déjà mis en possession de « l'éternel bonheur. Cependant nous ne pouvons « oublier ce qui est dit de la justice divine et de « l'humaine fragilité ; aussi nous n'omettrons pas « de prier pour Mgr de Tripoli, au moment où il « vient de passer à une autre vie, afin que s'il lui « reste encore quelque épreuve à subir, elle soit « abrégée par notre prière et l'efficacité du saint « Sacrifice. Nous conjurons le Prince des pasteurs « d'accueillir sans retard au sein de sa miséricorde « celui qui nous a précédés dans la mort, et que

« nous irons rejoindre, un jour, dans la paix et la
« gloire de l'éternité (1). »

Mgr Sibour avait été reçu membre de l'Académie des sciences et belles-lettres d'Aix, le 24 janvier 1838, et de l'Académie catholique de Rome, le 16 février 1855. Ces deux sociétés savantes ont publié de lui leurs recueils des dissertations et des mémoires sur divers sujets intéressants d'histoire ecclésiastique.

En contemplant tant de grandeurs abattues dans un si court intervalle, tant en la personne de Mgr Sibour, archevêque de Paris, qui succomba sous le fer d'un assassin, au pied même des autels, qu'en celle de Mgr l'évêque de Tripoli, expirant dans les plus cruelles douleurs, nous ne pouvons nous empêcher de nous écrier : *Vanitas, Vanitatum*... Vanité des vanités, tout n'est que vanité !

A Dieu seul appartient l'avenir !

(1) Lettre circulaire de Mgr Darboy, archevêque de Paris, en date du 26 novembre 1864.

NOTICE HÉRALDIQUE

Lors de sa promotion à l'épiscopat, Mgr Léon Sibour, en raison de ses fonctions d'auxiliaire de son parent, l'archevêque de Paris, adopta pour devise le 19e verset du chapitre XVIII du livre des proverbes : « *Frater, qui adjuvatur a Fratre* (quasi), *civitas Firma* (le frère qui est aidé par son frère est comme une cité forte). »

Et prit en conséquence pour écusson, *un champ d'azur à une ville forte d'argent avec porte donjonnée de trois tours crénelées de même, assise sur une terrasse de sinople; au chef d'argent chargé d'une croix tréflée d'azur.*

Il plaça cet écusson sur un cartouche, timbré d'une couronne ducale, soutenant à dextre une mitre tarée de front, et à senestre une crosse tournée en dehors; accompagné en pointe de deux branches d'olivier (posées en sautoir et soutenant l'étoile de la Légion d'honneur), et en chef d'une croix processionnelle (posée en pal derrière le dit cartouche), et sommée d'un chapeau pastoral de sinople à quatre rangs de houppes.

Paris. - Imp. de l'Œuvre de St-Paul, Soussens et Cie, rue de Lille, 51

www.ingramcontent.com/pod-product-compliance
Ingram Content Group UK Ltd.
Pitfield, Milton Keynes, MK11 3LW, UK
UKHW020404250726
13967UKWH00005B/2462

9 782013 02730